LA PROFE DE ESPAÑOL

Una historia para aprender español en contexto

por Juan Fernández

La profe de español

Copyright © 2022 Juan Fernández
All rights reserved
ISBN: 9781983076121

WARNING

This book contains references to sex, smoking and heavy drinking, and some strong language, which makes it UNSUITABLE for children.

Furthermore, the author kindly reminds you, dear reader, that he often uses a dry, dark and very silly sense of humour, which can be difficult to understand with all its nuances in a foreign language.

In fact, previous readers of this book got really confused about the story. It seems they didn't get the jokes and didn't understand the end.

Consider yourself warned.

AVISO

Este libro contiene referencias sexuales, uso de tabaco, fuerte consumo de alcohol y un lenguaje vulgar que lo hace NO APTO para niños.

Además, el autor le recuerda amablemente, querido lector, que él a menudo utiliza un sentido del humor seco, oscuro y muy tonto, que puede ser difícil de entender con todos sus matices en un idioma extranjero.

De hecho, muchos lectores anteriores de este libro dicen que la historia es muy confusa. Al parecer no entendieron los chistes y algunos ni siquiera comprendieron el final.

Considérese usted advertido.

ACERCA DEL AUTOR

El tipo que ha escrito esta historia se llama Juan Fernández y es español, concretamente de la ciudad más bonita de España: Granada.

Sin embargo, por esas cosas del destino, hace ya más de veinte años que vive en Inglaterra. Se fue a Londres en 1997 para aprender inglés, prometiendo que no volvería a España hasta que no hablara bien la lengua de Shakespeare. Fiel a su promesa, allí sigue. Todavía no ha vuelto.

Durante muchos años dio clase de español en University College London (UCL), una universidad muy importante de Inglaterra donde estaba encantado. Pero eso era antes. Ahora se dedica a enseñar español por su cuenta y poco a poco ha logrado ser (moderadamente) feliz.

¿Por qué escribe Juan historias para estudiantes?

Juan piensa que leer historias graduadas, adaptadas al nivel del estudiante, es una de las mejores maneras de aprender gramática y vocabulario en contexto, de una manera natural, casi sin darte cuenta.

En su opinión, uno de los grandes errores que cometemos a menudo, tanto los estudiantes como los profesores de idiomas, es "sobre analizar" la gramática e intentar comprenderlo todo de forma teórica.

Aprender español con historias

Según Juan, para aprender un idioma no hay que analizar demasiado las reglas gramaticales y propone **un método basado en tres puntos:**

1. Leer y escuchar muchas historias.

2. Repetición gradual de expresiones clave.

3. Aprender en contexto.

La profe de español, la historia que está usted a punto de comenzar a leer, ha sido escrita siguiendo estos tres puntos.

www.1001reasonstolearnspanish.com

ACERCA DEL LIBRO

Recuerde que *La profe de español* es una historia, no un libro de texto. Por lo tanto, no espere encontrar aquí muchas explicaciones teóricas de gramática.

Este tipo de historias se llaman Lecturas Graduadas y están adaptadas para estudiantes de español. Se llaman "graduadas" porque están ordenadas en diferentes niveles de dificultad: principiantes, preintermedio, intermedio, intermedio alto y avanzado.

La profe de español es una Lectura Graduada para estudiantes adultos con un nivel preintermedio o intermedio de español. Le ayudará a aprender, repasar y consolidar el vocabulario y la gramática del nivel A2 del Marco Común Europeo de Referencia para las Lenguas.

¿Por qué leer Lecturas Graduadas?

Mientras estás leyendo, tu mente se olvida un poco de la gramática y está ocupada en entender la historia. Tu principal interés es entender las motivaciones de los personajes, por qué se comportan así, saber qué va pasar después... De esta forma, casi sin darte cuenta, vas interiorizando poco a poco las reglas gramaticales de la lengua.

El resultado es que, al final, quizás no sepas explicar por qué una frase está bien o está mal gramaticalmente, pero la has visto escrita tantas veces que casi de una forma intuitiva sabes que es correcta o incorrecta porque simplemente te suena bien o te suena mal.

Según Juan, esta forma de aprender un idioma en el contexto de una historia es mucho más eficaz que memorizar listas de palabras aisladas o analizar de forma teórica interminables reglas de gramática.

¿Tengo que usar el diccionario?

Le aconsejo que no intente averiguar el significado de cada palabra; que no se detenga a buscar en el diccionario todas las palabras o expresiones que no entienda. Intente, en cambio, deducir o inferir su significado en el contexto de la historia.

Si pasa usted demasiado tiempo buscando qué quieren decir todas las palabras que no conoce, la lectura le resultará muy aburrida y llegar al final del libro puede convertirse en una tortura.

Por último, recuerde que el objetivo de leer *La profe de español* no es analizar demasiado la gramática ni memorizar listas de palabras, sino disfrutar de la historia.

Juan Fernández

www.1001reasonstolearnspanish.com

CURSOS DE ESPAÑOL CON HISTORIAS

Si le gusta aprender español con historias, recuerde que también puede hacer nuestros cursos online. Nuestros cursos de español están basados en historias para ayudarle a aprender en contexto, de una manera natural y divertida.

Puede ver nuestra oferta de cursos en nuestra página web:

www.1001reasonstolearnspanish.com

TABLA DE CONTENIDO

ACERCA DEL AUTOR	9
ACERCA DEL LIBRO	11
1. ¿Qué hora es?	17
2. Maderos	25
3. ¿Estará enferma?	35
4. Manolo, ¿qué pasa?	43
5. En la sala de profesores	53
6. ¿Dónde estará esta imbécil?	63
7. ¿Cómo es Granada?	69
8. Cómo aprender español	75
9. ¡Qué buenas están!	81
10. ¡No hay nada!	85
11. ¿Qué tal el fin de semana?	91
12. Yo no he matado a nadie	97
13. Mi boca es su boca	103
14. Tres meses de vacaciones	109
15. ¡Ni hablar!	115
16. Sin peros	121
Epílogo	127
CURSOS DE ESPAÑOL	133

1. ¿Qué hora es?

Hoy es lunes. Lunes por la mañana. El peor día de la semana.

En la clase G23, los estudiantes de español están sentados alrededor de una mesa grande, de una gran mesa. Hay seis estudiantes. Nadie habla. Muchos tienen sueño. Probablemente se acostaron tarde anoche y esta mañana se han levantado muy **temprano** (1) para llegar a clase a las nueve. A **nadie** (2) le gusta **madrugar** (3) los lunes por la mañana.

Christina y Carol juegan con sus móviles. Están aburridas.

James ha comprado el periódico El País y está intentando traducir una noticia con la ayuda de un pequeño **diccionario de bolsillo** (4).

Anna está haciendo ahora, **muy deprisa** (5), los deberes que **la profe** (6) había mandado el viernes. El fin de semana no ha estudiado nada de español. El sábado salió **de marcha** (7) con sus amigos. Aprendió una expresión nueva que le gusta mucho: *¡Qué guay!* (8) El domingo estaba demasiado cansada para estudiar. Se quedó en casa y vio dos capítulos de *Friends*. En español, por supuesto. En la televisión española **doblan** (9) siempre las películas y las series extranjeras.

Charles está durmiendo. Tiene la cabeza sobre la mesa y duerme. El sábado salió con Anna y con otros chicos de la escuela y anoche también salió hasta muy tarde. A Charles le encanta salir por la noche. Ha venido a España a pasárselo bien, a divertirse. Anoche se lo pasó muy bien, pero ahora está **hecho polvo** (10).

Rose ha empezado a leer la lección 8 del libro: *¿Cómo es tu ciudad?* El viernes terminaron la lección 7 y **hoy toca la lección 8** (11). El vocabulario no le parece difícil: barrio, monumentos, calles, tiendas... Pero no hay nada sobre *ser y estar*.

Rose está un poco decepcionada con las clases de español. Está decepcionada y también está preocupada porque ella quiere hacer el examen del **DELE** (12) y necesita saber muy bien la gramática. De hecho, se levanta cada día a las cinco de la mañana para estudiar gramática. **Sin embargo** (13), después de tres semanas de clase, la profe todavía no ha explicado la diferencia entre *ser* y *estar*. Ella no ha venido a Granada para pasárselo bien; ella ha venido a aprender español. Para ella, estudiar español es una cosa seria.

—¿Qué hora es? —pregunta Rose **en voz alta** (14).

—Son las nueve y veinte —responde Christina, sin dejar de jugar con el móvil.

—Es raro. Ella nunca llega tarde —comenta James.

—Estará enferma —dice Rose.

Anna la mira. Está sorprendida.

—Perdona, Rose, pero... ¿Has dicho "estará"? ¿Por qué usas el futuro? Estamos hablando de ahora, del presente...

—Sí, pero se puede usar el futuro para hacer hipótesis cuando no estamos seguros de algo. Como yo no estoy segura de si la profe está enferma o no, uso el futuro para indicar que es una posibilidad. También podría decir "quizás está enferma". Es posible, pero no estoy totalmente segura.

—¡Ah, gracias, no lo sabía! ¡Qué guay! —responde Anna **riendo** (15). En realidad, no ha entendido nada, pero no quiere admitirlo delante de Rose, la mejor estudiante de la clase. Para Anna, la gramática española es **un rollo** (16).

—¡Qué guay! —dice también Charles, sin abrir los ojos.

La profe de español

Vocabulario 1

(1) Temprano: Early.

(2) Nadie: Nobody.

(3) Madrugar: To get up very early in the morning.

(4) Diccionario de bolsillo: Pocket dictionary.

(5) Deprisa: Quickly, in a hurry.

(6) La profe (= La profesora): The teacher (female).

(7) (ir, salir, estar) De marcha: To go party.

(8) ¡Qué guay! How cool!

(9) Doblar (una película): To dub (a film).

(10) (estar) Hecho polvo: To be exhausted, very tired, knackered.

(11) Hoy toca la lección 8: Today, it's lesson 8.

(12) DELE: The Diploma of Spanish as a Foreign Language (DELE) is an official title certifying degree of competence and mastery of the Spanish language, granted by the Ministry of Education, Culture and Sport of Spain.

(13) Sin embargo: However.

(14) En voz alta: Aloud.

(15) Riendo (reír): Laughing (to laugh).

(16) (ser) Un rollo: (To be) very boring.

Resumen 1

Es lunes por la mañana. La clase de español empieza a las nueve, pero a las nueve y veinte la profesora todavía no ha llegado. Los estudiantes están en clase, sentados alrededor de una gran mesa, esperando.

Preguntas de comprensión 1

1. Anna ha estudiado mucho durante el fin de semana.

a – Verdadero

b – Falso

2. Charles tiene sueño.

a – Verdadero

b – Falso

3. Rose está...

a – Leyendo el periódico.

b – Jugando con su móvil.

c – Mirando el libro.

Soluciones 1: B - A - C

2. ¿Estará enferma?

De repente se abre la puerta de la clase. No, no es la profe. Es Eduardo, otro profesor de español de la escuela.

—¡Buenos días, chicos!

—¡Hola! –responden todos.

—¿Todavía no ha llegado la profe?

—¡Muy bien! ¿Y tú? —responde Charles, que **acaba de** (1) despertarse en este momento.

Todos ríen, excepto Charles, que tiene un dolor de cabeza terrible y no entiende nada. A Charles le duele la cabeza cada lunes por la mañana.

—No, todavía no —dice finalmente James.

—¿Quién es vuestro profesor? —pregunta Eduardo, aunque él sabe muy bien quién es.

—¡María! —dicen los chicos.

—¿María Sánchez?

—¡Sí!

—¿Una chica rubia, joven, de unos 30 años, delgada y con el pelo largo? —vuelve a preguntar Eduardo, que quiere estar completamente seguro de que la profe que llega tarde es María.

—¡Sí! —contestan todos.

—¡Y muy guapa! —añade Charles.

—¿Llega **a menudo** (2) tarde? —vuelve a preguntar Eduardo.

—¡No! A menudo es puntual —dice Christina rápidamente, contenta de usar "a menudo" por primera vez, una expresión que ha aprendido jugando con **Duolingo** (3) en su móvil.

—Ah, muy bien. Bueno, voy a hablar con el director. Él sabrá qué le ha pasado a María.

La profe de español

Cuando Eduardo se va, Rose llama a Anna.

—Anna, ¿has oído? Él también ha usado el futuro para hacer una hipótesis... Ha dicho "él sabrá".

—¡Ah, sí, es verdad! —le responde Anna, **aunque** (4) ella todavía no entiende nada.

Unos segundos después, Eduardo ya está **llamando a la puerta** (5) del director de la escuela.

—Pablo, buenos días, ¿tienes un minuto? Soy yo, Eduardo...

—Pasa, pasa, Eduardo. ¿Qué sucede?

—No, nada, María... –dice Eduardo, entrando en la oficina.

—¿Qué le pasa a María?

—Todavía no ha llegado a clase, Pablo. ¡Son casi las diez de la mañana y todavía no ha llegado! He ido yo a hablar con sus estudiantes en nombre de la escuela porque llegar tarde no es profesional, Pablo, no es profesional... No es bueno para la escuela.

—Estará enferma —dice Pablo, sorprendido.

—No creo —contesta Eduardo rápidamente—. Me han dicho los **guiris** (6) que no es la primera vez que llega tarde...

—¿En serio? —dice Pablo, preocupado—. Voy a llamarla ahora mismo.

Pablo llama varias veces a María por teléfono, pero nadie contesta.

—Esto no es profesional, Pablo, perdona, pero no es profesional —insiste Eduardo—. Los guiris dirán que esta escuela no es seria.

Pablo no dice nada. Está pensando qué hacer.

—¿Me puedes hacer un favor, Eduardo? —dice finalmente el director—. Habla tú con los guiris y diles que María ha tenido un problema personal esta mañana.

—**Por supuesto** (7), Pablo, por supuesto. Es una idea excelente.

—**Mientras tanto** (8), yo voy a ver quién la puede sustituir.

—Excelente idea, Pablo, excelente idea.

La profe de español

Mientras tanto, los estudiantes de María siguen esperando en clase.

—¿Y George? ¿Dónde *es* George? —pregunta Christina, que todavía no sabe usar los verbos ser y estar correctamente.

—¡Está! ¿Dónde <u>está</u> George? —la corrige Rose rápidamente.

—¡Qué raro! —dice James—. George no falta nunca.

—**Hace** (9) unos días me dijo que le encantaba cómo da clase María; que es la mejor profesora de español que ha tenido —comenta Christina.

—¡Ahora recuerdo! —dice Charles **de repente** (10)—. El sábado por la noche vi a la profe y a George **juntos** (11) en un bar. ¡Lo había olvidado! Yo estaba **tan borracho**… (12)

Nadie dice nada, pero todos miran hacia la silla vacía **donde George suele sentarse**. (13)

Vocabulario 2

(1) Acabar de: To have just done something.

(2) A menudo: Often.

(3) Duolingo: language-learning website and app.

(4) Aunque: Although.

(5) Llamando a la puerta: Knocking on the door.

(6) Guiris: Colloquial way to address or talk about foreigners in Spain. Most of the time disrespect is not intended, but it all depends on the context and intention of the speaker. In this story, for example, when some characters use the term *guiri*, they are being disrespectful and rude.

(7) Por supuesto: Of course.

(8) Mientras tanto: Meanwhile, in the meantime.

(9) Hace: Ago.

(10) De repente: Suddenly.

(11) Juntos: Together.

(12) (tan) Borracho: (So) drunk.

(13) Donde George suele sentarse: Where George usually sits.

Resumen 2

Eduardo le dice a Pablo que María todavía no ha llegado a clase. Pablo la llama por teléfono, pero la profesora no contesta. Mientras, en clase, Charles recuerda que vio a George y a María juntos en un bar, el sábado por la noche.

La profe de español

Preguntas de comprensión 2

1. ¿Cómo se llama la profesora de español?

a – Eduardo

b – Rose

c – María

2. ¿Quién es el director de la escuela?

a – Pablo

b – Eduardo

c – María

3. ¿Con quién salió George el sábado por la noche?

a – Con María

b – Con Anna

c – Con Charles

4. George no está en clase.

a – Verdadero

b – Falso

Soluciones 2: C - A - A - A

3. Manolo, ¿qué pasa?

Mientras tanto, Pablo, el director de la escuela, estaba intentando encontrar un profesor de español para sustituir urgentemente a María. No era fácil. La mayoría de los profesores estaban ocupados. Buscó en los archivos **los currículos** (1) de algunos profesores que buscaban trabajo. Llamó por teléfono a cuatro, pero la respuesta era siempre la misma: no puedo, **estoy ocupado** (2), estoy enfermo, no tengo tiempo...

La verdad es que Pablo era conocido en la ciudad por **pagar** (3) muy poco a los profesores que trabajaban para él y nadie quería dar clase en su escuela.

Pablo estaba preocupado. **Si no encontraba** (4) pronto un nuevo profesor de español, los guiris **se quejarían** (5).

Quizás (6) cancelarían el curso y le **pedirían** (7) el dinero que habían pagado. Además, escribirían una opinión muy negativa en la página de Facebook de la escuela. Sería un desastre. Tenía que hacer algo. Y tenía que hacerlo rápidamente. Pablo empezó a **sudar** (8). No tenía calor: tenía miedo.

De repente, tuvo una idea. Una idea excelente, pensó él.

Fue a la recepción. Allí estaba Manolo, el recepcionista, **como de costumbre** (9) leyendo el *Marca* (10). Leía el periódico *Marca* todos los días. Le gustaba mucho **el deporte** (11). Bueno, mejor dicho: le gustaba el fútbol; bueno, tampoco: le gustaba el Real Madrid. El equipo de la capital de España era su pasión. Desde niño. Desde que su padre lo llevó una vez, cuando tenía 8 años, a ver un partido de fútbol en el estadio **Santiago Bernabéu** (12). Fue su regalo de cumpleaños. El mejor regalo de cumpleaños de su vida.

—Manolo, ¿qué pasa? —le dijo Pablo al llegar a la recepción.

—Todo tranquilo, **jefe** (13). Ningún problema. Algunas personas han llamado, pero no he entendido nada. Hablaban en inglés.

Pablo lo miró unos segundos sin decir nada. Intentaba recordar por qué **había contratado** (14) como recepcionista de una escuela de idiomas a un hombre que no sabía una palabra de inglés y que solo hablaba de fútbol.

—Entonces, si no tienes nada que hacer, tengo un pequeño **trabajito** (15) para ti.

—¿Tengo que ir a comprar **tiza** (16) otra vez, jefe? ¿Ya se ha terminado?

—No, no es eso.

Unos minutos más tarde, Pablo y Manolo entraban en la clase G23.

—Chicos, hoy María no puede venir a clase. Tiene un problema… Un problema personal. Y no puede venir. Eso es… —dijo Pablo, que estaba un poco nervioso. **De hecho** (17), estaba sudando.

—¿Qué le ha pasado?

—¿Ha tenido un accidente?

—¿Está enferma?

Los chicos estaban preocupados y querían saber qué le había pasado a su profesora.

—Por el momento no puedo decir nada más, pero este es Manuel —dijo Pablo—. Manuel será hoy vuestro profesor de español.

—¿El recepcionista? —preguntó Anna, sorprendida.

Los chicos se miraron los unos a los otros. Luego miraron a Manolo.

—**Manuel** (18) es un gran profesional. Puede trabajar en recepción, pero también, como nativo que es, puede dar clase de español sin ningún problema. Solo tenéis que decirle qué lección toca hoy en el libro del curso.

Y, diciendo esto, Pablo salió de la clase. Ya fuera, **con un pañuelo se secó el sudor de la frente** (19).

Dentro de la clase, los chicos vieron como Manolo iba hacia la **pizarra** (20), se sentaba en la silla de María y ponía sobre la mesa, abierto, el Marca.

Vocabulario 3

(1) Currículos: Plural of "curriculum" (CV).

(2) (estar) ocupado: (To be) busy.

(3) Pagar: To pay.

(4) Si no encontraba (encontrar): If he did not find (to find).

(5) Se quejarían (quejarse): They would complain (to complain).

(6) Quizás: Maybe

(7) Pedirían: They would ask for.

(8) Sudar: To sweat.

(9) Como de costumbre: As usual.

(10) El Marca: Spanish Sport daily.

(11) Deporte: Sport.

(12) Estadio Santiago Bernabeu: Located in Madrid, it is one of the world's most prestigious football stadiums.

(13) Jefe: Boss

(14) Contratado (contratar): Hired (to hire).

(15) Trabajito: Small job.

(16) Tiza: Chalk.

(17) De hecho: In fact.

(18) Manuel: "Manolo" is the nickname for people with the name "Manuel".

(19) Con un pañuelo se secó el sudor de la frente: He wiped the sweat from his forehead with a handkerchief.

(20) Pizarra: Blackboard.

Resumen 3

Como Pablo no encuentra un profesor de español para sustituir a María, Manolo, el recepcionista, dará hoy clase de español a los chicos de la clase G23.

Preguntas de comprensión 3

1. En la escuela de Pablo, los profesores tienen un salario muy alto.

a – Verdadero

b – Falso

2. ¿Qué hace normalmente Manolo?

a – Juega con su teléfono móvil.

b – Escucha música.

c – Lee periódicos de deportes.

3. Manolo habla inglés muy bien.

a – Verdadero

b – Falso

4. ¿Por qué no ha venido María hoy a clase?

a – Ha tenido un accidente.

b – Está enferma.

c – Todavía no se sabe.

5. ¿Quién va a dar clase de español hoy a los chicos de la clase G23?

a – Eduardo

b – Manolo

Soluciones 3: B- C - B - C - B

4. En la sala de profesores

Mientras tanto, en la Sala de Profesores, todos comentaban la desaparición de María.

—Salía muy a menudo, casi todas las noches...

—Normalmente bebía...

—Y a veces fumaba...

—Hace unos días la vieron con un chico muy joven, con un guiri...

—Solía llevar los pantalones muy estrechos y la falda muy corta...

—Estaba un poco gorda últimamente...

—**¿Estaba embarazada?** (1)

—No sé, quizás, **quién sabe...** (2)

Eduardo no decía nada. Solo escuchaba. Conocía a todos los profesores que daban clase en la escuela. **Llevaba 25 años trabajando con Pablo** (3). Al principio entró solo para trabajar en el bar, como camarero; después empezó a trabajar en la recepción, más tarde en la biblioteca, luego como profesor de español y, por último, hace unos 5 años, Pablo lo nombró coordinador del equipo de profesores. Desde que era el coordinador tenía su propia oficina, al lado de la de Pablo, el director, pero a menudo iba a la Sala de Profesores para tomar café y **charlar** (4) con el resto del equipo.

El profesor más joven era Julio, un chico tímido que hablaba muy poco. Tenía unos 26 años. Había terminado un máster en enseñanza del **ELE** (5), pero todavía tenía poca experiencia dando clase. En realidad, este era su primer trabajo como profesor de español.

Julio quería hablar con Eduardo.

La profe de español

—Eduardo, perdona, estoy preparando una clase sobre el subjuntivo imperfecto, pero...

—Pero, chico, ¿no ves que ahora estamos hablando de un tema importante? Este no es el momento, Julio, por favor, hay que ser más profesional.

—Perdona, Eduardo, lo siento.

Los profesores continuaban hablando. Pasaban de un tema a otro con facilidad.

—¿Cuántas semanas faltan para terminar el curso?

—Siete semanas...

—¡Siete semanas! ¡Todavía siete semanas!

—**¡Qué rollo!** (6)

—Hay que tener paciencia...

—**Cada año los estudiantes son más burros...** (7)

—No estudian...

—No vienen a España a estudiar español. En realidad, solo vienen a beber, a comer tapas, a emborracharse...

—Solo quieren divertirse, pasárselo bien...

—No estudian...

—Antes los estudiantes eran mejores...

—Antes estudiaban más, estaban más motivados...

—Ahora son muy perezosos...

—No estudian, no hacen los deberes...

—No saben los pasados...

—No saben la diferencia entre ser y estar...

—**Son unos burros...** (8)

—No saben usar por y para...

—No estudian...

—¿Alguien tiene una actividad para enseñar el imperfecto de subjuntivo? —preguntó Julio, pero nadie le contestó.

Los profesores continuaron hablando de los estudiantes de la escuela.

—En clase duermen...

—Usan el móvil...

—No se lavan...

—No entienden nada...

Eduardo los observaba, pero no hablaba. Solo escuchaba. Sonreía, pero no decía nada. **Después de un rato** (9) se levantó de la silla y salió de la sala.

—¿Dónde irá? –preguntó alguien **en voz baja** (10).

—Irá a informar a Pablo de todo lo que hemos dicho...

Julio los miraba en silencio. Estaba preocupado por la lección sobre el imperfecto de subjuntivo. Necesitaba una actividad comunicativa, quizás **un juego** (11), pero no encontraba nada.

Vocabulario 4

(1) Estaba embarazada: She was pregnant.

(2) Quién sabe: Who knows.

(3) Llevaba 25 años trabajando con Pablo: (He) had been working with Pablo for 25 years.

(4) Charlar: To chat.

(5) ELE: Español como Lengua Extranjera (Spanish as a Foreign Language).

(6) ¡Qué rollo! How boring!

(7) Cada año los estudiantes son más burros: Students are more and more stupid every year.

(8) Son unos burros: They are donkeys (stupid).

(9) Después de un rato: After a while.

(10) En voz baja: Quietly.

(11) Un juego: A game.

Resumen 4

En la Sala de Profesores, los compañeros de María hacen comentarios sobre ella y sobre los estudiantes. La mayoría de ellos lleva muchos años trabajando en la escuela de Pablo. La excepción es Julio, un joven profesor de español que ha empezado a trabajar hace poco tiempo.

La profe de español

Preguntas de comprensión 4

1. Eduardo empezó a trabajar en la escuela de Pablo hace...
a – 25 años.
b – Muy poco tiempo.

2. Julio es el profesor de español más joven.
a – Verdadero
b – Falso

3. A los profesores de la escuela les gusta dar clase de español.
a – Verdadero
b – Falso

4. Según los profesores, los estudiantes de antes eran mejores que los estudiantes de ahora.
a – Verdadero
b – Falso

Soluciones 4: A - A - B - A

5. ¡Dictado!

Mientras tanto, en la clase G23, los chicos miraban a Manolo y Manolo miraba a los chicos. Nadie decía nada, nadie hablaba. Manolo no sabía qué hacer ni qué decir. Los chicos tampoco.

Después de un rato, Rose rompió finalmente el silencio.

—Hoy toca la lección 8. La ciudad.

James, que estaba cerca de él, le dio a Manolo su libro de español abierto por la lección 8. La lección se llamaba "¿Dónde vives?". Manolo cogió el libro con las dos manos y vio cuatro fotografías: una ciudad grande, quizás Barcelona; una ciudad pequeña, quizás Cádiz; un pueblo en la montaña y un pueblo en la costa. También había una lista de palabras: la calle, la avenida, el barrio, las tiendas, la plaza, los monumentos, los edificios...

Tras una pausa, el recepcionista miró a los chicos y dijo en voz muy alta:

—¡**Dictado!** (1)

—¿Dictado? —dijo Anna sorprendida.

—Dictado, sí, sí, dictado... Tenéis que coger papel y un bolígrafo. ¡Rápido, dictado!

—Con María nunca hacemos dictados... —dijo Christina en voz baja.

—¡Silencio! **No quiero oír ni una mosca** (2). ¡Dictado!

Los chicos estaban sorprendidos y no dijeron nada. Cada uno cogió un cuaderno y un bolígrafo.

Manolo cerró el libro y lo puso sobre la mesa. Después, volvió a abrir el Marca. Tranquilo, con calma, **sin prisa** (3), pasó las hojas del periódico hasta encontrar **la crónica del partido**

del domingo (4). Luego, empezó a leer en voz alta, casi a gritar:

—¡El partido de ayer **coma** (5) aunque un poco aburrido coma fue muy interesante **punto y seguido** (6)! ¡Los jugadores del Real Madrid no jugaron muy bien coma pero ganaron el partido coma que es lo importante **punto y aparte** (7)!

—¿Qué significa "partido"? —preguntó James.

—¿Qué quiere decir "ganaron"? —preguntó Christina.

—¿Qué significa "punto y aparte"? —preguntó Rose.

—¿Qué quiere decir "coma"? —preguntó Carol, en voz baja. Carol era la chica más tímida de la clase.

—¿Qué significa "ayer"? —preguntó Anna.

—¿Qué quiere decir "dictado"? —preguntó Robert.

—¡Silencio! —contestó Manolo.

De repente se abrió la puerta del aula. Era George, el estudiante más guapo y más **chulo** (8) de la clase. Era alto y rubio. Tenía el pelo rubio, largo y rizado.

Tenía los ojos azules. Era fuerte, deportista... ¿He dicho que era rubio? Sí, era rubio como la cerveza...

Llevaba gafas de sol negras. George a menudo llevaba gafas de sol. Llevaba gafas de sol **incluso** (9) cuando estaba nublado y no hacía sol. Llevaba gafas de sol en primavera, en verano, en otoño y en invierno.

Llevaba gafas de sol por la mañana, por la tarde y por la noche. Llevaba gafas de sol incluso cuando llovía y hacía frío. Llevaba gafas de sol en la calle, en el metro, en la clase y en la cama. Llevaba gafas de sol para desayunar, para comer y para cenar.

Llevaba gafas de sol cuando estaba con amigos y cuando estaba solo. Llevaba gafas de sol incluso en el baño: cuando se lavaba los dientes e incluso **mientras se afeitaba** (10) también llevaba gafas de sol. George solía llevar siempre gafas de sol.

También solía llevar vaqueros azules y una camiseta blanca, estrecha, **de manga corta** (11). Tenía brazos muy musculosos. Probablemente iba al gimnasio a menudo.

Entró en clase tranquilo, **sonriente** (12). Estaba comiéndose una gran manzana, una manzana enorme y roja que acababa de comprar en el mercado, mientras venía a pie hacia la escuela. Cada día venía a pie. Tardaba solo 15 minutos en llegar porque vivía en un piso muy cerca del centro.

Entró en clase sin prisa, con calma, tranquilo, comiéndose la manzana **despacio** (13). No traía su libro, ni su cuaderno, ni su bolígrafo, ni su lápiz, ni su diccionario… En realidad, no tenía libro. Nunca lo había comprado. Cuando estaba en clase, a veces miraba el libro de Rose y a veces miraba el libro de James.

George se sentó entre Rose y James, como de costumbre.

Primero miró a la derecha, hacia Rose; luego miró a la izquierda, hacia James.

Rose **se puso roja** (14). James **se puso negro** (15).

—¡Perdón por llegar tarde, pero es que no he oído el despertador! —dijo finalmente, muy sonriente. Tenía **una marca de carmín** (16) en los labios.

Todos lo miraron sin decir nada. Luego, de repente, se volvió a escuchar la voz de Manolo:

—¡Dictado!

Vocabulario 5

(1) Dictado: Dictation.

(2) No quiero oír ni una mosca (literalmente, "I don't want to hear a fly"): I don't want to hear a peep (out of anyone).

(3) Sin prisa: Unhurried, not rushed.

(4) La crónica del partido del domingo: Sunday's match report.

(5) Coma: Comma.

(6) Punto y seguido: Full stop.

(7) Punto y aparte: New paragraph.

(8) Chulo: Cocky and / or good-looking man.

(9) Incluso: Even.

(10) Mientras se afeitaba: While he was shaving.

(11) De manga corta: Short-sleeved (T–shirt, etc.)

(12) Sonriente: Smiley.

(13) Despacio: Slowly.

(14) Se puso roja: (She) blushed.

(15) Se puso negro: (He) got cross.

(16) Una marca de carmín: Lipstick traces. Instead of "carmín", it is also common to say "pintalabios" or "lápiz de labios".

Resumen 5

Como María no ha venido a la escuela, Manolo el recepcionista es hoy el profesor de español de los chicos de la clase G23. La primera actividad es un dictado. Un poco más tarde entra en clase George, otro estudiante de español.

Preguntas de comprensión 5

1. Para hacer el dictado, Manolo lee...

a – El periódico.

b – El libro.

2. María también suele hacer dictados en sus clases.

a – Verdadero

b – Falso

3. George ha llegado tarde a clase.

a – Verdadero

b – Falso

4. George tiene mucho éxito con las chicas.

a – Verdadero

b – Falso

Soluciones 5: A - B - A - A

6. ¿Dónde estará esta tía?

Mientras tanto, en la oficina del director, Eduardo y Pablo tomaban el segundo café con leche de la mañana. Café con leche y galletas. Eran casi las diez de la mañana y María todavía no había venido. Nadie sabía dónde estaba. Nadie sabía qué le pasaba. Pablo la había llamado varias veces, pero la profesora no contestaba al teléfono.

—**¿Dónde estará esta tía?** (1) —gritaba el director.

—Estás muy nervioso, Pablo. Tienes que estar tranquilo. No pasa nada —le dijo Eduardo.

—¿Nervioso? Estoy preocupado. Estoy cansado. Estoy enfadado. Estoy enfermo. Me duele la cabeza. ¿Nervioso? Sí, también estoy nervioso... ¿Tú como estarías **en mi lugar?** (2)

Eduardo no contestó. Eduardo estaba tranquilo. No tenía miedo. No estaba preocupado. **En realidad** (3), estaba contento. Tenía hambre. Cogió otra galleta y bebió un poco más de café.

—María tenía novio. Un guiri. Estaba saliendo con un guiri —dijo Eduardo.

—¿Estás seguro, Eduardo? ¿Quién te lo ha dicho?

—En la Sala de Profesores. Lo saben todos. No es un secreto. Muy poco profesional, Pablo, muy poco profesional. Una profesora no puede salir con un estudiante. No es profesional. No es ético. Es inmoral.

—¿Con quién? ¿Con quién salía esa p...? ¿Quién es? —empezó a gritar Pablo, rojo de ira.

—Todavía no lo sé. Además...

—**Además** (4), ¿qué? ¡Termina la frase! Además, ¿qué? —Pablo estaba **cada vez más nervioso** (5).

—Además **parece que** (6) estaba embarazada...

—¿De verdad? ¿En serio? ¡Tienes que averiguarlo todo! ¡Quiero saber con quién estaba saliendo esa p...! ¡Vuelve a la Sala de Profesores! ¡Quiero saber el nombre del guiri ese! ¡Quiero saber con quién se acostaba esa **zorra** (7)!

—Tranquilo, Pablo, tranquilo. **Deja todo en mis manos** (8).

—¿Dónde estará esa **imbécil**? (9) —gritó Pablo.

Vocabulario 6

(1) Tía: Extremely informal way to talk about a woman (chick, bird, etc.). Used in the context of work (as it is in this scene), it is also very rude.

(2) En mi lugar: In my place, in my position.

(3) En realidad: Actually.

(4) Además: Besides, furthermore, in addition, also.

(5) Cada vez más nervioso: More and more nervous.

(6) Parece que: It seems that.

(7) Una zorra: Fox (= Prostitute).

(8) Deja todo en mis manos: Leave everything to me.

(9) Imbécil: Stupid, idiot.

Resumen 6

Pablo está muy nervioso y muy preocupado porque no sabe dónde está María. La ha llamado por teléfono, pero no contesta. Eduardo le dice a Pablo lo que ha escuchado en la Sala de Profesores: Parece que María está saliendo con un estudiante de español y quizás esté embarazada.

Preguntas de comprensión 6

1. María tiene novio. Está saliendo con un estudiante de español.

a – Sí, es verdad.

b – En realidad, no se sabe.

2. María está embarazada.

a – Sí, es verdad.

b – En realidad, no se sabe.

Soluciones 6: B - B

7. ¿Cómo es Granada?

Granada no es muy grande. No es una gran ciudad como Madrid o Barcelona, pero es una de las ciudades más bonitas e interesantes de Andalucía y de España.

Es una ciudad antigua, con muchos monumentos históricos. **De hecho** (1), en Granada **se encuentra** (2) uno de los monumentos más importantes de España: La Alhambra, **una fortaleza–palacio** (3) de origen árabe, que es uno de los monumentos más visitados de España.

Pero, **aparte de** (4) ver La Alhambra, en Granada se pueden hacer muchas cosas. Se puede pasear por el barrio del Albaicín, por ejemplo, un barrio antiguo de estilo árabe, con calles estrechas, casas blancas y flores en las ventanas.

Si te gusta caminar, también puedes **recorrer** (5) el Paseo de los Tristes, una de las calles más bonitas de la ciudad.

En primavera o en verano, cuando hace calor, se puede tomar **un helado** (6) en Los Italianos, la heladería más famosa de la ciudad y, si tienes hambre, puedes ir de tapas a uno de los muchos bares que hay en la calle Navas. Las tapas en Granada, **por cierto** (7), son gratis.

En otoño o en invierno, cuando llueve o cuando hace frío, también hay muchas cosas que puedes hacer.

Si te gusta el teatro, puedes ver **una obra** (8) de García Lorca en el Teatro Isabel La Católica; si te gusta el café, puedes ir al Café Suizo, una de las cafeterías más antiguas de Granada; si te gusta el té, puedes ir a una de las muchas teterías árabes que hay cerca de la calle Elvira, una de las zonas más características de la ciudad y donde a veces parece que estás en un barrio de Marruecos.

Granada está entre las montañas de Sierra Nevada y la costa. Es posible, por ejemplo, ir a **esquiar** (9) por la mañana a Sierra Nevada y por la tarde ir a la playa.

También se pueden hacer muchas excursiones a la montaña o a alguno de los pueblos pequeños tan bonitos que hay cerca de la ciudad.

Granada es tranquila, pero no demasiado tranquila y nunca aburrida. De hecho, es una ciudad joven, con **un montón de** (10) estudiantes tanto españoles como extranjeros.

Si te gusta **la marcha** (11), también hay muchos bares, pubs y discotecas con mucho ambiente donde puedes ir a bailar y a divertirte por la noche.

La Universidad de Granada es una de las más grandes de España y es muy popular también entre **los Erasmus** (12) y **los estudiantes de ELE** (13) que vienen a estudiar en alguna de las muchas escuelas de español que hay en la ciudad.

Vocabulario 7

(1) De hecho: In fact.

(2) Se encuentra: In this context = it is located; it is situated.

(3) Una fortaleza–palacio: A palace and fortress.

(4) Aparte de: Apart from.

(5) Recorrer: Going across, going through, going all over.

(6) Un helado: Ice cream.

(7) Por cierto: By the way.

(8) Una obra: A theatre play.

(9) Esquiar: Skiing.

(10) Un montón de: A lot of.

(11) La marcha: Going out partying, clubbing.

(12) Los Erasmus: Students of the European student exchange programme called "Erasmus".

(13) Estudiantes de ELE: Students of Spanish as a Foreign Language.

Resumen 7

La escuela de español de Pablo está en Granada, una ciudad pequeña del sur de España, en la Comunidad Autónoma de Andalucía, situada entre las montañas y la costa.

Granada es una ciudad muy bonita, con muchos monumentos históricos de origen árabe, como, por ejemplo, La Alhambra.

Aparte de visitar La Alhambra, en Granada se pueden hacer muchas cosas: se puede pasear, se pueden tomar helados, se puede ir de tapas, se puede salir de marcha y, por supuesto, se puede estudiar español.

Preguntas de comprensión 7

1. En Granada las tapas son muy caras.

a – Verdadero

b – Falso

2. Una "tetería" es un lugar para tomar té.

a – Verdadero

b – Falso

3. En Granada se puede esquiar.

a – Verdadero

b – Falso

4. Granada es una ciudad aburrida.

a – Verdadero

b – Falso

Soluciones 7: B - A - A - B

8. Cómo aprender español

Granada es una ciudad ideal para aprender español. Se pueden hacer muchas actividades para pasarlo bien, para divertirse, para conocer gente, para hacer amigos, para descubrir cómo es España y **al mismo tiempo** (1), por supuesto, para aprender español.

Los estudiantes de español normalmente pasan solo algunos meses o unas pocas semanas en la ciudad y **por tanto** (2) tienen que aprovechar bien el tiempo. Cada día hay que hacer algo diferente.

Christina, por ejemplo, va por las tardes a clase de flamenco. Le encanta bailar. Va a clase de flamenco cinco veces a la semana. Las clases son en español, **por supuesto** (3).

A James también le gusta el flamenco, pero no baila. A él le encanta tocar música y por las tardes va a clase de guitarra. Va a clase de guitarra tres veces por semana.

A Anna le encanta el teatro. Hacía teatro en EE. UU., antes de venir a España, y ahora va a clase de teatro tres veces a la semana con un grupo de estudiantes de la universidad. En su país hacía teatro en inglés, **claro** (4), pero ahora, en España, hace teatro en español. Se divierte y aprende español al mismo tiempo. ¡Y ha hecho un montón de amigos españoles! Le encanta aprender español, pero no le gusta estudiar gramática. Prefiere hablar con la gente y aprender español en la calle.

Rose, en cambio, está muy preocupada por el examen del DELE. Para ella es muy importante la gramática. Ya habla francés, alemán e italiano, pero quiere aprender muy bien español porque su sueño es ser traductora e intérprete. Por eso necesita **aprobar** (5) el examen del DELE. Rose está dedicada por completo al español. Por la mañana va a la clase de María y por la tarde estudia con una profesora particular. Además, tres veces por semana **queda con** (6) una chica de Granada para hacer intercambio de conversación inglés–español.

La profe de español

A Carol, la chica más joven y tímida de la clase, le encanta leer. Suele ir a pasear a los bosques de La Alhambra. Allí está tranquila. No le gusta estar con grupos grandes de gente. Se sienta en un banco y lee o estudia español, mientras **escucha** (7) cantar a los pájaros en los árboles y **oye** (8) el agua de las fuentes.

Charles y George son diferentes. A ellos les encanta salir de marcha, **es decir** (9), ir de fiesta, bailar, tomar copas hasta muy tarde y divertirse. Quedan para salir casi todas las noches. **Desde que** (10) están en España han hecho muchos amigos, pero casi todos son chicos extranjeros que están estudiando español en Granada, como ellos. En realidad, no tienen amigos españoles porque hablar en español les parece muy difícil. Cuando salen de marcha prefieren hablar en inglés. Es más fácil.

Vocabulario 8

(1) Al mismo tiempo: At the same time.

(2) Por tanto: Therefore.

(3) Por supuesto: Of course.

(4) Claro: Of course.

(5) Aprobar: To pass (an exam).

(6) Queda con: (She) arranges to meet (somebody).

(7) Escucha (escuchar): (She) listens to (to listen to)

(8) Oye (oír): (She) hears (to hear).

(9) Es decir: That is, that is to say, meaning.

(10) Desde que: Since.

Resumen 8

En Granada se pueden hacer muchas actividades para practicar español. Se puede ir a clase de flamenco, se puede aprender a tocar la guitarra, se puede hacer teatro o, simplemente, salir de marcha con los amigos. Si quieres leer y estar tranquilo, puedes ir a los bosques de La Alhambra.

Preguntas de comprensión 8

1. A Christina le gusta el flamenco.

a – Verdadero

b – Falso

2. Charles está aprendiendo a tocar la guitarra.

a – Verdadero

b – Falso

3. Anna hace teatro para aprender español.

a – Verdadero

b – Falso

4. Rose pasa muchas horas estudiando español.

a – Verdadero

b – Falso

5. Carol prefiere leer.

a – Verdadero

b – Falso

6. Charles y George salen de marcha a menudo.

a – Verdadero

b – Falso

Soluciones 8: A - B - A - A - A - A

9. ¡Qué buenas están!

A las once terminó la clase de español con Manolo. Era el momento de **hacer una pausa** (1). Los chicos fueron al bar de la escuela, como de costumbre, para desayunar. Era el momento de charlar con otros estudiantes, hablar sobre el fin de semana pasado y quedar para salir por la tarde.

—Necesito un café. Esta noche he dormido muy poco —dijo Charles, **bostezando** (2).

—Yo ya he tomado dos cafés esta mañana, pero después de la clase de Manolo el recepcionista, creo que voy a tomar otro —comentó Anna, riendo.

El camarero trajo (3) cuatro cafés con leche, dos cafés solos, un cortado y **tostadas de tomate** (4) para todos.

—¡Muchas gracias, Juan! —le dijo Christina al camarero—. ¡Qué hambre tengo!

—¡Me encantan las tostadas de tomate! —comentó James, mientras ponía aceite y sal en el pan.

—¡Qué buenas están! —dijo Carol.

—¡Juan, **lo mejor de** (5) esta escuela de español es tu bar! ¿Lo sabías? —comentó Rose en voz alta.

—¡Ja, ja, Ja! —rio Juan—. No eres la primera persona que me lo dice. Ya me lo han dicho antes. Muchas veces.

—¡Ah! ¿Sí? ¿Quién te lo ha dicho antes? —preguntó Rose.

—¡María! —contestó Juan—. Siempre que viene me lo dice: "Juan, tu bar es lo mejor que hay en esta escuela".

Juan reía, pero los chicos no.

Vocabulario 9

(1) Hacer una pausa: To have / take a break, to have a rest.

(2) Bostezando (bostezar): Yawning (to yawn).

(3) El camarero trajo (traer): The waiter brought (to bring).

(4) Tostadas de tomate: Toast with tomato.

(5) Lo mejor de: The best thing of.

Resumen 9

Después de la clase, los chicos van al bar de la escuela para desayunar. Algunos tienen hambre, otros tienen sueño y otros están un poco cansados. Juan, el camarero, dice que, según María, el bar es lo mejor que hay en la escuela de español de Pablo.

Preguntas de comprensión 9

1. Los chicos van a un bar que está...

a – Cerca de la escuela.

b – En la escuela.

2. Los chicos toman café y...

a – Tostadas

b – Galletas

c – Churros

3. A los chicos no les gustan las tostadas que hace Juan.

a – Verdadero

b – Falso

4. Según Juan, María piensa que...

a – El café del bar no es muy bueno.

b – La escuela de español de Pablo no es muy buena.

Soluciones 9: B - A - B - B

10. ¡No hay nada!

Mientras tanto, en la Sala de Profesores, Eduardo estaba leyendo el periódico. Había estado muy ocupado toda la mañana y todavía no había tenido tiempo de leerlo.

De repente, alguien dijo:

—**¡Está vacío!** (1) ¡No hay nada!

Todos se giraron (2). Julio estaba de pie, delante de **los casilleros** (3) de madera donde los profesores **guardaban** (4) sus objetos personales.

Eduardo **dejó de** (5) leer el periódico y miró a Julio, que tenía un **reloj** (6) grande, de plástico, en las manos. Era **un reloj de juguete** (7) con los números muy grandes.

—El viernes —dijo Julio— María me dejó este reloj de plástico para enseñar en una de mis clases cómo decir la hora en español. Después de la clase **he venido a devolvérselo** (8). Lo quería poner en su casillero, pero cuando lo he abierto he visto que está vacío. ¡No hay nada!

—Sí, ese reloj **tan infantil** (9) solo puede ser de María...

—Sí, lo usaba a menudo para enseñar la hora a los guiris...

—**¡Qué tontería!** (10)

Todos se levantaron de las sillas y fueron a ver el casillero de María.

—¡No hay nada!

—Ni libros, ni cuadernos, ni fotocopias, ni bolígrafos, ni juegos...

—Normalmente tenía un montón de juegos...

—Sí, tenía muchos juegos y muchas actividades para las clases —dijo Julio.

—A menudo hace juegos con los guiris. María es muy infantil...

—¡No hay nada! ¡Está vacío!

—Tampoco hay DVDs. Ella solía tener **un montón de** (11) películas para la clase...

—Sí, en sus clases hace juegos, pone películas y música —dijo Julio.

—En sus clases hace de todo, excepto enseñar español...

Mientras hablaban, Eduardo salió de la Sala de Profesores **silenciosamente** (12), sin decir nada. Julio estaba preocupado. Se preguntaba cómo iba a enseñar ahora el imperfecto de subjuntivo, **sin la ayuda de** María (13).

Vocabulario 10

(1) Está vacío: It is empty.

(2) Todos se giraron: They all turned around.

(3) Los casilleros: Cabinet with pigeonholes or lockers.

(4) Guardaban (guardar): (they) kept (to keep).

(5) Dejó de: (He) stopped (doing something).

(6) Reloj: A clock.

(7) Un reloj de juguete: A toy clock.

(8) He venido a devolvérselo: I came to return it to her.

(9) Tan infantil: So childish.

(10) ¡Qué tontería! What a nonsense!

(11) Un montón de: A lot of.

(12) Silenciosamente: Quietly.

(13) Sin la ayuda de: Without the help of.

Resumen 10

Los profesores descubren que el casillero de María está vacío. Todos sus libros y materiales han desaparecido.

La profe de español

Preguntas de comprensión 10

1. A todos los profesores les gusta mucho cómo enseña María.

a – Verdadero

b – Falso

2. María tenía muchos libros y materiales para las clases en su casillero.

a – Verdadero

b – Falso

3. ¿Por qué está preocupado Julio?

a – Quería usar los materiales de María para preparar sus clases.

b – Está enamorado de María.

Soluciones 10: B – A – A

11. ¿Qué tal el fin de semana?

Mientras, en el bar de Juan, los estudiantes de la clase de María seguían hablando.

—¿Qué tal el fin de semana, chicos? –preguntó James.

—*It was great!* –respondió George en inglés.

—¡En español, por favor! –dijo Rose, rápidamente–. Tenemos que hablar en español entre nosotros.

—Yo salí de marcha el sábado por la noche —dijo Anna, que había estado **repasando en su cabeza** (1) qué decir y qué tiempos del pasado usar—. Fui a una fiesta de cumpleaños muy guay y me lo pasé muy bien. Estuve bailando toda la noche. El domingo **me quedé en casa** (2) porque estaba muy cansada.

Los chicos la miraron sonrientes. Anna había dicho una frase muy larga en español, usando los tiempos del pasado correctamente y sin hacer ningún error. Anna estaba contenta y **orgullosa de sí misma** (3). Además, había usado "guay", una palabra que no se estudia normalmente en los libros de español. Todos **aplaudieron** (4).

—Yo salí de marcha el sábado y el domingo. Anoche me acosté muy tarde y ahora **estoy hecho polvo** (5) —dijo Charles, bostezando de nuevo. Todos volvieron a aplaudir.

—Yo fui al cine —dijo Carol, en voz baja.

—¿Qué película viste? —le preguntó Anna, con una sonrisa.

—Volver, de **Pedro Almodóvar** (6). Ya la había visto antes, pero quería **volver a verla** (7).

—¿Está bien?

—Sí, el cine de Almodóvar me gusta mucho.

La profe de español

Los chicos volvieron a aplaudir. Esta vez los aplausos eran para Carol, que poco a poco estaba superando el miedo a hablar en voz alta en el grupo.

—Pues yo fui de compras el sábado por la mañana —dijo Christina—. Me compré estos zapatos y esta chaqueta. ¡Había **rebajas** (8)! Estaba todo muy **barato** (9).

Todos aplaudieron a Christina, no solo porque su frase era correcta, sino también porque había conseguido ir de tiendas en España y comprar en las rebajas. **¡Todo un éxito!** (10)

—¿Y tú, George? ¿Has hecho algo interesante este **finde**? (11) —le preguntó Rose, de repente, al chico más guapo del grupo—. Todavía no nos has dicho nada.

Todos miraron a George, **expectantes** (12). Recordaban que Charles había visto a María y a George juntos, de copas, el sábado por la noche.

—*In Spanish?* —preguntó George.

—¡Por supuesto! —fue la respuesta de todos.

Vocabulario 11

(1) Repasando (en su cabeza): Go over (in his head).

(2) Me quedé en casa: I stayed at home.

(3) Orgullosa de sí misma: Proud of herself.

(4) Aplaudieron (aplaudir): They clapped (to clap).

(5) Estoy hecho polvo: I am completely tired, exhausted, knackered.

(6) Pedro Almodóvar: Famous Spanish film director. The film "Volver" is one of his best films.

(7) Volver a verla: To watch it again.

(8) Rebajas: Sales.

(9) Barato: Cheap.

(10) Todo un éxito: A real or a complete success!

(11) Finde: Weekend ("finde" = fin de semana).

(12) Expectantes: Waiting anxiously / expectantly.

Resumen 11

Mientras desayunan en el bar de la escuela, los chicos charlan en español y cada uno cuenta qué hizo el fin de semana.

La profe de español

Preguntas de comprensión 11

1. Anna no salió el domingo porque…

a – Tenía que estudiar.

b – Estaba muy cansada.

c – Estaba enferma.

2. Charles salió el sábado y el domingo y hoy…

a – Está contento.

b – Está cansado.

3. ¿Cuántas veces ha visto Carol la película "Volver"?

a – No la ha visto nunca.

b – Una vez, el sábado.

c – Al menos dos veces.

4. ¿Quién fue de compras el fin de semana?

a – Rose

b – Anna

c – Christina

Soluciones 11: B – B – C - C

12. Yo no he matado a nadie

—¿Qué tal el fin de semana, George? —volvió a preguntarle Rose al chico más guapo de la clase.

George **se quitó las gafas** (1). No podía pensar bien con las gafas puestas. Luego, cerró los ojos. Necesitaba concentrarse mucho para recordar qué había hecho el fin de semana y, sobre todo, cómo decirlo en español. Su gramática no era muy buena y no sabía bien los pasados. Nunca estaba seguro de si tenía que usar el imperfecto o el indefinido.

—¡Guay! ¡Muy guay! —dijo finalmente, abriendo los ojos. A George también le gustaba usar esa palabra.

—Yo creo que te vi el sábado por la noche. Estabas en un bar del centro, ¿no? —dijo Charles.

—Sí, el sábado salí de marcha. Y el domingo también. ¡Qué guay! ¡Viva España! ¡Olé!

—¿Con quién saliste? —le preguntó Anna.

—¿Con quién saliste? ¿Con quién saliste? —**se repitió George en voz baja** (2), con los ojos cerrados. Estaba intentando comprender la pregunta. Luego abrió los ojos, sonrió y dijo en voz alta: "Who did you go out with?"

—¡Exactamente! —dijo Christina.

—Con mis compañeros de piso. Con Clive y con Robert. Clive es australiano y Robert alemán. Los dos son muy divertidos. *Very funny guys!*

—**¿Ligaste?** (3) —le preguntó James.

—¡Ja, ja, ja! George se puso rojo y empezó a reír —*I know that word!* No, no chicas este fin de semana.

Nadie dijo nada, pero todos miraron hacia la boca de George. Todavía tenía **carmín** (4) en los labios.

La profe de español

Charles estaba aún más sorprendido que los otros.

—Pero yo te vi con una chica el sábado por la noche. Estabas con una chica en el bar...

George no entendía bien la pregunta de Charles. ¿Una chica? ¿El sábado por la noche?

—¡Ah, sí! –dijo finalmente—. **Tienes razón** (5). Es verdad. ¡María!

Todos dejaron de comer tostadas y de beber café. Por fin, George había dicho el nombre de la profesora de español. Por fin, confesaba que la había visto el fin de semana. Ahora tenían que saber más. Tenían que seguir haciéndole preguntas hasta **averiguar** (6) todo.

—¿Era tu novia?

—**¿Desde cuándo salías con la profe?** (7)

—¿Cuándo la viste por última vez?

—¿Qué le ha pasado a María?

—¿Qué le has hecho?

—¿Dónde está?

—¿Por qué no ha venido hoy a clase?

George estaba sorprendido. **Todos hablaban muy deprisa** (8) y él no entendía bien por qué estaban tan nerviosos y por qué le hacían **tantas preguntas** (9).

—*Hey, hey, guys! Calm down! Calm down! What´s going on here?* ¿Qué pasa aquí? ¡Tranquilos! **Yo no he matado a nadie...** (10) —dijo George finalmente.

Todos se callaron. Nadie decía nada. Todos miraban a George sin decir nada. Fue Carol quien rompió finalmente el silencio.

—Tienes que contarnos todo. Queremos saber qué le ha pasado a María, dónde está y cuándo va a volver a la escuela.

—Y **límpiate la boca** (11). Todavía tienes carmín en los labios —le dijo Christina a George, mientras le daba **una servilleta de papel** (12).

Vocabulario 12

(1) Se quitó las gafas: He took off his glasses.

(2) Se repitió George en voz baja: George repeated to himself quietly.

(3) Ligaste: (Past tense of "ligar"): Did you pull? Did you pick someone up?

(4) Carmín (también "pintalabios" o "lápiz de labios"): Lipstick.

(5) Tienes razón: You are right.

(6) Averiguar: To find out.

(7) ¿Desde cuándo salías con la profe? How long have you been going out with the teacher?

(8) Todos hablaban muy deprisa: Everybody was speaking very quickly.

(9) Tantas preguntas: So many questions.

(10) Yo no he matado a nadie: I didn't kill anybody.

(11) Límpiate la boca: Clean your mouth.

(12) Una servilleta de papel: A paper napkin.

Resumen 12

George cuenta qué hizo el fin de semana y con quién salió. Primero dice que no ha salido con ninguna chica este fin de semana, pero luego confiesa que el sábado por la noche vio a María y fueron a un bar. Los chicos le hacen a George muchas preguntas porque quieren saber qué le ha pasado a su profesora de español.

Preguntas de comprensión 12

1. Este fin de semana, George conoció a una chica muy guapa en un bar.
a – Verdadero: Todavía tiene pintura de labios en la boca.
b – Falso: Salió con dos amigos.

2. George ha visto a María este fin de semana.
a – Verdadero: George y María fueron a un bar el sábado por la noche.
b – Falso: Este fin de semana, George no ha ligado.

Soluciones 12: B – A

13. Mi boca es su boca

—María y yo **nos veíamos varias veces a la semana** (1) —dijo George, mientras se limpiaba el carmín de los labios.

—¡Ajá, lo sabía! ¡Te acostabas con la profesora! —dijo Rose, muy enfadada.

—**¿Desde cuándo?** (2) —quería saber Charles.

—Estáis locos —respondió George—. María no es mi novia. Mi novia se llama Claire. Es francesa. **La conocí** (3) hace tres semanas en el bar de la universidad. Estoy muy enamorado de ella, **por cierto** (4).

Nadie dijo nada. Todos intentaban comprender la situación. George salía con una chica francesa. El chico más guapo y más chulo de la clase estaba enamorado de una chica francesa que lo besaba apasionadamente antes de salir de casa y le dejaba marcas de **pintalabios** (5) en la boca. El chico más guapo y más chulo de la clase era, en realidad, un romántico.

—¿Y dónde estaba tu novia francesa el sábado por la noche, mientras tú estabas en el bar con María? —le preguntó Charles, que todavía no sabía si George era en realidad un romántico o **un caradura** (6) que quería **engañar a todos** (7).

—Claire se quedó en casa para estudiar. Se quedó en su casa el sábado y el domingo. Tiene un examen hoy lunes por la tarde y este fin de semana no ha salido. Como estaba muy nerviosa, esta mañana he ido a verla a su casa para desearle buena suerte. **Por eso** (8) he llegado tarde a clase...

—Entonces, el pintalabios es de Claire, no de María —comentó Carol, que quería estar segura de haber entendido bien la historia de George.

—**¡Desde hace tres semanas mis labios solo besan los labios de Claire!** (9) Mi boca es su boca, su boca es mi boca —contestó George, muy serio.

La profe de español

—*Oh, la, la! C'est l'amour!* —dijo Rose.

—*It must be love!* —dijo Anna.

—Tiene que ser amor —dijo Christina, traduciendo al español.

Vocabulario 13

(1) Nos veíamos varias veces a la semana: We used to meet several times a week.

(2) ¿Desde cuándo? For how long? Since when?

(3) La conocí: I met her (for the first time).

(4) Por cierto: By the way.

(5) Pintalabios: Lipstick.

(6) Ser un caradura: To be shameless, cheeky.

(7) Engañar a todos: To trick, to fool, to deceive everybody.

(8) Por eso: That is why.

(9) ¡Desde hace tres semanas mis labios solo besan los labios de Claire! For the last three weeks, my lips have only kissed Claire's lips!

Resumen 13

George confiesa que solía ver a María cada semana, pero dice que él está muy enamorado de una chica francesa que se llama Claire.

La profe de español

Preguntas de comprensión 13

1. La marca de carmín en los labios de George es de...

a – Claire

b – María

2. ¿Por qué ha llegado George tarde a clase esta mañana?

a – Porque estaba cansado.

b – Porque ha ido a ver a Claire.

c – Porque se ha levantado tarde.

3. George está enamorado de...

a – Claire

b – María

Soluciones 13: A – B – A

14. Tres meses de vacaciones al año

¿Y María? ¿Dónde estaba María? ¿Qué le había pasado? ¿Qué sabía George?

—Has dicho que tú y María os veíais a menudo. ¿Por qué? **¿Para qué?** (1) —le preguntó Anna.

—Ella me ayudaba con el español y yo le ayudaba con el inglés. María estaba escribiendo su **Curriculum Vitae** (2) en inglés y yo le corregía sus errores.

—Entonces, cuando yo os vi juntos el sábado por la noche... —empezó a decir Charles.

—María me había llamado por teléfono el sábado por la mañana. Me dijo que había recibido una carta de una universidad de Londres, pero no la entendía bien y **necesitaba mi ayuda para traducirla** (3). **Quería verme** (4).

—Quedó contigo el sábado por la noche porque quería saber qué decía la carta... —dijo Carol, en voz baja.

—Sí, claro —confirmó George—. *That's it! Now you understand!* ¡Eso es! ¡Ahora lo entiendes!

—¿Recuerdas qué decía la carta, George? —le preguntó James.
—Sí, claro. **Le ofrecían trabajo** (5) como profesora de español. ¡Estaba muy contenta!

Mientras los chicos charlaban sentados en una de las mesas, Manolo el recepcionista hablaba con Juan. **Los dos** (6) estaban en la barra del bar, **de pie** (7).

—Tienen tres meses de vacaciones al año, Juan, tres meses. **Se quejan** (8), pero son muy perezosos. Muy **vagos** (9). No les gusta trabajar —decía Manolo, mientras pasaba las hojas del Marca y bebía café con coñac.

La profe de español

—No es fácil ser profesor, Manolo. Es un trabajo duro y difícil. Mi hija también es profesora y... —decía Juan, mientras lavaba vasos y tazas.

—¿Un trabajo difícil? ¿Un trabajo duro? ¿Ser profesor es un trabajo difícil? Te sientas, tú hablas y ellos te escuchan. **¡Nada más!** (10) ¿Eso es difícil? Yo esta mañana he dado clase de español a esos guiris que están ahí sentados. **¡Ningún problema!** (11). ¡Si yo lo puedo hacer, **cualquiera lo puede hacer!** (12) ¡Tres meses de vacaciones al año!

—¿Tú has dado clase de español hoy? —le preguntó Juan, sorprendido.

—Sí, ¿qué pasa? —contestó Manolo—. Soy español, ¿no? Y diciendo esto, **encendió un cigarrillo** (13).

Vocabulario 14

(1) ¿Para qué? What for?

(2) Curriculum Vitae: CV, résumé.

(3) Necesitaba mi ayuda para traducirla: (She) needed my help to translate it.

(4) Quería verme: (She) wanted to see me.

(5) Le ofrecían trabajo: (They) were offering her a job.

(6) Los dos: Both of them, the two of them.

(7) De pie: Standing.

(8) Se quejan: (They) complain.

(9) Vagos: Lazy.

(10) Nada más: Nothing else.

(11) Ningún problema: No problem.

(12) Cualquiera lo puede hacer: Anybody can do it.

(13) Encendió un cigarrillo: (He) lit up a cigarette.

La profe de español

Resumen 14

George ayudaba a María a escribir su Curriculum Vitae en inglés. El sábado se vieron porque ella había recibido una carta de una universidad de Londres. La carta era una oferta de trabajo, pero como estaba en inglés María no la entendía completamente. Necesitaba la ayuda de George para traducirla.

Manolo el recepcionista piensa que los profesores son muy vagos, trabajan muy poco y tienen demasiadas vacaciones. Juan, el camarero, se sorprende al saber que Manolo ha dado clase de español por la mañana.

Preguntas de comprensión 14

1. María estaba buscando un nuevo trabajo.
a – Verdadero
b – Falso

2. A María le han ofrecido trabajo en una universidad inglesa.
a – Verdadero
b – Falso

3. Según Manolo, para dar clase de español solo es necesario ser español.
a – Verdadero
b – Falso

Soluciones 14: A – A – A

15. ¡Ni hablar!

Mientras tanto, en la Sala de Profesores.

—¿Cambiar el libro? ¿Habéis oído? ¡Quiere cambiar el libro!

—**¡Ni hablar!** (1)

—¡Nunca!

—**¡Jamás!** (2)

—Siempre hemos usado este libro...

—¿Por qué vamos a cambiar ahora?

—Es que es muy antiguo y las actividades no son muy interesantes. **Los estudiantes se aburren** (3) —dijo Julio.

—¡Los guiris siempre se aburren!

—Solo quieren pasárselo bien, salir de marcha, divertirse...

—¡Son unos vagos!

—¡No estudian!

—Los estudiantes de antes eran mejores, estudiaban más...

En ese momento se abrió la puerta. **Todos se callaron** (4). Uno de los profesores dejó de leer el periódico y corrió a sentarse delante del ordenador; otro **apagó rápidamente su móvil** (5) al mismo tiempo que abría un diccionario al azar, como buscando ansiosamente el significado de alguna palabra; un tercero **ocultó debajo de la mesa un vaso de güisqui** (6) y empezó a escribir algo en un cuaderno. El director había entrado en la Sala de Profesores.

—¡Julio! —dijo Pablo, llamando al profesor más joven.

—¿Sí?

—Tengo que hablar contigo. Vamos a mi oficina.

Sin decir nada, sin moverse, **sonriendo estúpidamente** (7), los profesores miraban como los dos hombres salían de la habitación.

Vocabulario 15

(1) ¡Ni hablar! No way!

(2) ¡Jamás! Never!

(3) Los estudiantes se aburren: Students get bored.

(4) Todos se callaron (callarse): Everybody stopped talking (to stop talking).

(5) Apagó rápidamente su móvil: (He) switched off his mobile phone quickly.

(6) Ocultó debajo de la mesa un vaso de güisqui: (He) hid a glass of whisky under the table.

(7) Sonriendo estúpidamente: Smiling foolishly, stupidly.

Resumen 15

Todo el mundo deja de hablar cuando Pablo entra en la Sala de Profesores. Los profesores se ponen nerviosos delante del director de la escuela y simulan estar ocupados trabajando.

Pablo quiere hablar con Julio y los dos salen juntos de la habitación.

La profe de español

Preguntas de comprensión 15

1. A Julio le gusta mucho el libro que se usa en las clases de español.
a – Verdadero
b – Falso

2. A los profesores de esta escuela les encanta dar clase de español.
a – Verdadero
b – Falso

Soluciones 15: B - B

16. Sin peros

Julio entró en la oficina con Pablo, el director. Allí estaban ya Manuel y Eduardo, esperando. Estaban sentados en un sofá. Eduardo tenía una taza de café en la mano. Manuel, en cambio, pasaba las hojas del Marca. Quería leer una entrevista al nuevo entrenador del Real Madrid. No le gustaba nada el nuevo **entrenador** (1) porque era demasiado joven y no tenía experiencia con **equipos** (2) grandes, pensaba Manuel.

—Julio, tu **Curriculum** (3) dice que hablas varios idiomas —dijo Pablo, cerrando la puerta.

—Sí, hablo inglés, francés y alemán.

—¿También hablas alemán?

—Sí. **De hecho** (4), nací en Berlín. Mis padres habían emigrado allí cuando eran jóvenes y yo viví en Alemania hasta hace seis años. En realidad, soy bilingüe.

—¡Ah, estupendo, fantástico! Entonces, tú eres el hombre ideal, el hombre que esta escuela necesita en este momento.

—No entiendo —dijo Julio.

—Mira, te lo voy a explicar. Manuel no sabe hablar otros idiomas. Solo habla español. Muchos guiris llaman a la recepción pidiendo información sobre nuestros cursos de español, pero él no entiende nada de lo que le dicen y no puede contestar. No puede dar la información que le piden. En resumen, que estamos perdiendo clientes. Esto es un problema muy grave para nuestra modesta escuela, Julio, ¿no crees?

—Sí, claro, pero...

—¡Tenemos que colaborar todos, Julio! ¡**Sin "peros"** (5), sin excusas, sin miedo! ¡Entre todos tenemos que hacer una gran escuela de español! ¡Tenemos que trabajar para que nuestra pequeña escuela sea la mejor escuela de español de Granada! ¿Estás de acuerdo?

—Ssss… Sí, bueno, pero…

—Sin "peros", Julio, sin peros. Tenemos que trabajar todos juntos. Todos tenemos que colaborar porque todos somos parte de esta escuela. Somos un equipo. ¡No! **Somos más que un equipo** (6): ¡Somos una familia!

—Vale… —dijo Julio.

—¡Fantástico! **Eso es lo que yo quería oír** (7). Pues, entonces, **si todos estamos de acuerdo** (8), **desde mañana** (9) Manuel cogerá todas tus clases y las de María también.

—¿Perdón?

—Tú pasarás a trabajar en recepción. Con tus idiomas, eres la persona ideal para esa posición.

—¿Cómo?

Julio no estaba seguro de haber entendido bien. ¿Manuel iba a dar clase de español y él tenía que trabajar en la recepción?

—Pero, pero, yo, yo... —Julio no sabía qué decir. Estaba confundido.

Cuando Pablo terminó de hablar con Julio (10), Eduardo y Manuel **se levantaron del sofá** (11).

—¡Enhorabuena! Es un puesto de gran responsabilidad —dijo Eduardo—. Recuerda, Julio, que lo más importante es ser profesional.

—**El Marca es mío** (12) —dijo Manuel—. Si lo quieres leer, tienes que pedírmelo a mí.

La profe de español

Vocabulario 16

(1) Entrenador: Soccer or football coach.

(2) Equipo: Team.

(3) Curriculum: Curriculum Vitae, CV, Résumé.

(4) De hecho: In fact.

(5) Sin peros: No buts (no buts about it).

(6) Somos más que un equipo: We are more than a team.

(7) Eso es lo que yo quería oír: That's what I wanted to hear.

(8) Si todos estamos de acuerdo: If we all agree.

(9) Desde mañana: From tomorrow onwards.

(10) Cuando Pablo terminó de hablar con Julio: When Pablo finished talking to Julio.

(11) Se levantaron del sofá: They got up from the sofa.

(12) El Marca es mío: The Marca (sports newspaper) is mine.

Resumen 16

Grandes cambios en la escuela de español de Pablo. Julio, que habla varios idiomas, entra a trabajar en la recepción, mientras que Manolo dará clases de español.

Preguntas de comprensión 16

1. Los padres de Julio.

a – Trabajaban en Alemania.

b – Eran alemanes.

2. ¿Cuánto tiempo ha vivido Julio en Alemania?

a – Veinte años.

b – Seis años y un día.

c – Julio no ha vivido nunca en Alemania.

3. Manolo le regala a Julio su periódico favorito, el Marca.

a – Verdadero.

b – Falso.

Soluciones 16: A – A – B

EPÍLOGO

Ha pasado una semana desde que María desapareció.

Hoy es lunes. Lunes por la mañana. El peor día de la semana.

Son las nueve y veinte. En la clase G23 Manolo está sentado en la mesa del profesor. Está esperando a los estudiantes y mientras espera, lee. Está leyendo, como siempre, el Marca, su periódico favorito.

Los estudiantes normalmente son puntuales, pero esta mañana todavía no han llegado. "Mejor, mucho mejor. Así tengo más tiempo para leer el Marca", piensa Manolo.

De repente se abre la puerta y entra Eduardo.

—¿Todavía no han llegado los estudiantes?

El exrecepcionista levanta la cabeza, mira a Eduardo, pero no le responde y sigue leyendo el periódico sin decir nada.

—Voy a hablar con Julio. Él sabrá qué ha pasado —dice Eduardo, saliendo de la habitación.

No hay luz en la recepción. Todo está oscuro y en silencio. Julio, el nuevo recepcionista, todavía no ha llegado.

"¡Son casi las nueve y media y el recepcionista todavía no ha llegado! ¡Esto no es profesional!", piensa Eduardo.

Un minuto después Eduardo está hablando con Pablo, el director de la escuela.

—Tenemos problemas. Los estudiantes de la clase G23 todavía no han llegado y Julio no ha venido hoy a trabajar, Pablo.

—Estarán enfermos... —responde el director.

—¿Todos? No creo —dice el coordinador del equipo de profesores.

La profe de español

Los dos intentan hablar con Julio por teléfono. Llaman a su móvil. Llaman a su casa. Nadie responde.

—¿Dónde estará este imbécil? —pregunta Pablo.

—Esto no es profesional, Pablo, no es profesional —responde Eduardo.

Fin de
LA PROFE DE ESPAÑOL

CURSOS DE ESPAÑOL CON HISTORIAS

Espero que te haya gustado *La profe de español*.

Si te gusta aprender español con historias, recuerda que también puedes hacer nuestros cursos online. Nuestros cursos de español están basados en historias para ayudarte a aprender en contexto, de una manera natural y divertida.

Para ver nuestra oferta de cursos online, visita nuestra página web:

www.1001reasonstolearnspanish.com

TU OPINIÓN EN AMAZON

Si crees que leer este tipo de historias es útil para aprender español, por favor, deja tu valoración de *La profe de español* en Amazon y, si es posible, escribe un comentario con tu opinión.

Leo todos los comentarios de mis lectores con mucho interés y, por supuesto, tu opinión será muy útil para ayudar a otros estudiantes de español a decidir si este libro es adecuado para ellos o no.

¡Muchas gracias!

Juan Fernández

Printed in Great Britain
by Amazon